W0175362

Werner Färber

Kleine Geschichten vom Feuerwehrmann Florian

Illustrationen von Jan Birck

Loewe

Die Deutsche Bibliothek – CIP-Einheitsaufnahme

Kleine Geschichten vom Feuerwehrmann Florian / Werner Färber.
Ill. von Jan Birck. – 1. Aufl. – Bindlach : Loewe, 1998
(Lirum Larum Lesemaus)
ISBN 3-7855-3175-3

ISBN 3-7855-3175-3 – 1. Auflage 1998
© 1998 Loewe Verlag GmbH, Bindlach
Umschlagzeichnung: Jan Birck
Redaktion: Claudia Ondracek
Satz: Leingärtner, Nabburg

Inhalt

Florian geht zur Feuerwehr

Florian klopft an die . „Herein!",

ruft ein . „Hallo, ich bin

der neue ", sagt Florian.

„Kann mir jemand das

zeigen?" „Dann geh mal mit Hein,

der kennt sich aus", sagt der

und zeigt auf einen .

Hein erklärt Florian, wie die

funktioniert. Er zeigt ihm die

vielen   am  .

Dann gehen sie zum  .

Dort werden immer die

aufgehängt. „Mal sehen, ob die

auch sauber sind", sagt Hein.

Er schaut in einen ⌇ hinein.

„Sieh dir das an", sagt Hein.

Florian kneift ein  zu und

schaut ebenfalls in den  .

„Ich finde, er ist ziemlich sauber",

sagt er und schüttelt den  .

Hein dreht heimlich den

auf. Erst jetzt begreift Florian,

dass er hereingelegt wird.

Er wird pudelnass. Hein und

die anderen  lachen.

„Jetzt bist du getauft und gehörst

zu uns", sagt Hein. Endlich zeigt

er Florian seinen  .

Darin hängen eine  , eine

und ein  . Und  bekommt

Florian, der  , natürlich auch.

Nachtalarm

Florian, der , übernachtet

heute im . Weit entfernt

donnert es. Durchs  sieht

man  zucken. Schlaflos

wälzen sich Florian und die

anderen  in ihren .

Plötzlich schrillt die große .

„Wozu haben wir uns eigentlich

hingelegt?", grummelt Hein müde.

„Schimpf nicht, beeil dich lieber

ein bisschen", sagt Florian und

springt aus seinem .

Er zieht  und ... an

und rutscht die ... hinunter.

Dort stehen die ... bereit.

Ruck, zuck zieht Florian sie an.

Er schlüpft in die , setzt

den  auf und ist fertig.

Florian öffnet das große  .

Als Hein und die anderen

kommen, sitzt er bereits hinter

dem 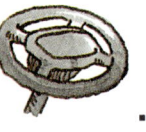 . Hein greift schnell

zum  des  . „Wo

brennt es denn?", fragt er. „Ein

hat in einen  eingeschlagen",

antwortet die  am  .

Sie beschreibt ihnen den  .

Florian schaltet das  ein.

Wieder zuckt krachend ein

herab. Plötzlich schüttet es wie

aus  . Die  kommen

kaum nach. Als Florian das

beim  anhält, ist das

bereits von allein ausgegangen.

Trotzdem bleibt für die

noch viel zu tun. Mit  und

entfernen sie die verbrannten ,

damit sie morgen niemandem auf

den  fallen.

Dummes kleines Kätzchen

Der  schließt seine

auf. Er ist müde. „Florian, kannst

du mir helfen?", ruft das ,

das im neben Florian wohnt.

„Wo brennt's denn?", fragt Florian.

„Meine kommt nicht mehr

vom herunter", sagt das .

„So was", sagt Florian verwundert.

Er geht mit dem  in

den  . Die   hockt ganz

oben im und miaut kläglich.

„Wie kommt deine  so hoch

hinauf?", fragt der  .

„Zilly hat ein  gesehen

und ist hinterhergejagt."

„Bleib sitzen, ich hole dich!", ruft

Florian der kleinen  zu.

 für  klettert er ihr entgegen.

Aber wie soll er sie nur vom

herunterbekommen? Er kann sie

ja nicht festhalten. Und ohne

seine  kann er nicht klettern.

Ein  wäre gut. Und ein .

Dann könnte er Zilly in den

setzen und hinunterlassen. „Jetzt

weiß ich was", sagt der

zu Zilly. „Schön still halten."

Er steckt die kleine  unter

seine  und zieht den

zu. Zilly faucht und Florian

bekommt ihre  zu spüren.

Aber sie beruhigt sich schnell.

Der  kann Zilly dem

wohlbehalten übergeben. „Und

bevor du wieder ein

jagst", sagt er zur kleinen ,

„übst du erst einmal klettern."

Tag der offenen Tür

Heute ist was los im  .

Überall wimmelt es von  .

Sie wollen alles genau wissen.

Der  erklärt ihnen geduldig,

wie ein  funktioniert.

Die größeren  dürfen ihm

sogar helfen ein  zu löschen.

„Wir zünden jetzt die alte

an!", ruft Florian. „Wer möchte

den  halten?" Natürlich

melden sich viel zu viele .

Darunter auch ein kleiner

mit seinem  . „Tut mir Leid",

sagt Florian. „Der  ist noch

ein bisschen zu schwer für dich."

Traurig drückt der kleine

seinen  an sich. „Aber wenn

du möchtest, darfst du nachher

ins  springen", sagt Florian.

„Wirklich?", fragt der  .

„Versprochen", sagt der  .

Nachdem die  gelöscht ist,

wird das  aufgespannt.

Die  dürfen von der

springen. Auch der kleine

mit dem  stellt sich hinten an.

„Und – hopp!", ruft Florian dem

ersten  zu. Schon ist es sicher

im  gelandet. „Und –

hopp!", ruft der  dem

kleinen  zu. Aber er springt

nicht. „Mein  traut sich

nicht", sagt er leise. „Dann musst

du ihm gut zureden und selbst

ganz mutig sein!", ruft Florian.

Der  umarmt den

mit beiden  . Dann atmet er

tief durch und springt. Er landet

sicher im  . „War's denn

schlimm?", fragt der  .

Der  schüttelt den  .

„Mein  will sogar noch mal",

sagt er. „Dann nichts wie rauf auf

die  ", sagt Florian lachend

und hilft ihm vom  .

Brand auf dem Bauernhof

Schon von weitem sieht Florian

das  . Der brennt.

Der hält das an.

Die rollen den

aus. „Beeilt euch!", ruft Florian.

„Bis jetzt brennt nur das !"

Schon fangen sie an zu spritzen.

Vorsichtig geht Florian zum  .

Er fühlt mit der  am  .

Es ist noch nicht heiß. Das

hat sich nämlich noch nicht

nach unten ausgebreitet.

Schnell öffnet der  das

und rennt in den . Er macht

alle  auf. ,

und  laufen durcheinander.

Der   treibt die  und

 auf die  . Die

versucht die aufgeregten

im   zusammenzuhalten.

„Wo ist Bello?", fragt ein  ,

als Florian mit rußigem

aus dem  kommt. Der

überlegt, ob er noch einmal hinein

soll. Das  knackt und knistert.

Doch da kommt Bello schon

gelaufen. In seinem  trägt er

behutsam einen  . „Bello hat

Hoppel gerettet!", ruft das  .

Sie umarmt ihren  . „Braver

Bello", sagt Florian. „Den

habe ich glatt übersehen."

Florian macht Urlaub

Florian holt sein  und

macht die großen  fest.

Der  hat das ,

seinen , ein

und seine  eingepackt.

Und noch einiges mehr. Florian

setzt den  auf und radelt los.

Endlich hat er wieder mal frei.

Erst fährt er am  entlang,

dann einen steilen  hinauf.

Abends erreicht Florian den  ,

an dem er sein  aufstellen

kann. Ringsherum stehen noch

mehr 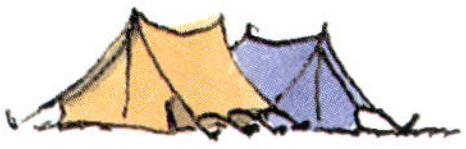  . Der  lernt nette

 und  kennen.

Es ist längst dunkel, als Florian

in seinen  kriecht.

Aber ein paar  bleiben

noch länger auf. Nachts schreckt

der  plötzlich hoch.

Draußen ist es merkwürdig hell.

Ob das der  ist? Florian

schaut aus dem  . Es ist nicht

der  , der das  erleuchtet!

Jemand hat die   brennen

lassen. Sie ist umgekippt.

Der ☒ hat 🔥 gefangen.

Schnell kriecht Florian heraus.

Er packt den brennenden

und schleudert ihn in den  .

Zischend geht das  aus.

Der  eilt zurück um das

zu löschen. Es ist sehr dürr und

hat ebenfalls  gefangen.

Als die Ersten merken, was los ist,

hat Florian bereits alles erledigt.

„Mit einem  kann uns eben

nichts passieren", sagt ein  .

„Aber nur, wenn er rechtzeitig

aufwacht", sagt Florian.

Dann kehren alle zurück in

ihre   . Und diesmal achtet

jeder darauf, dass keine

mehr brennt.

Die Wörter zu den Bildern:

 Tür

 Schläuche

 Mann

 Auge

 Feuerwehrmann

 Kopf

 Feuerwehrhaus

 Wasserhahn

 Leiter

 Schrank

 Hebel

 Hose

 Feuerwehrauto

 Jacke

 Turm

 Helm

 Stiefel

 Hörer

 Fenster

 Funkgerät

 Blitze

 Baum

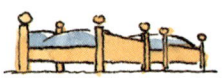 Betten

Frau

 Glocke

 Weg

 Socken

 Blaulicht

 Stange

 Eimer

 Tor

 Scheiben-
wischer

 Lenkrad

 Feuer

 Axt

 Korb

 Äste

 Seil

 Säge

 Reißverschluss

 Mädchen

 Krallen

 Haus

 Kinder

 Katze

 Hütte

 Garten

 Junge

 Eichhörnchen

 Teddybär

 Hände

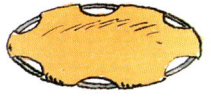 Sprungtuch

 Arme

 Wiese

 Bauernhof

 Bäuerin

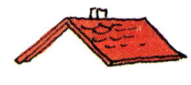 Dach

 Gesicht

 Stall

 Maul

 Riegel

 Hase

 Hühner

 Hund

 Schweine

 Fahrrad

 Kühe

 Taschen

 Bauer

 Zelt

 Schlafsack

 See

 Handtuch

 Frauen

 Badehose

 Mond

 Fahrradhelm

 Lampe

 Fluss

 Tisch

 Berg

 Gras

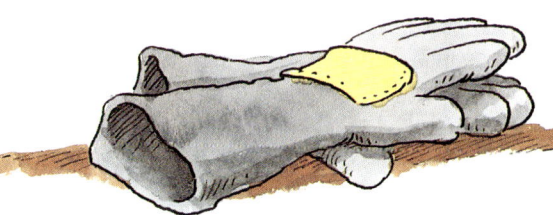

Werner Färber wurde 1957 in Wassertrüdingen geboren. Er studierte Anglistik und Sport in Freiburg und Hamburg und unterrichtete anschließend an einer Schule in Schottland. Seit 1985 arbeitet er als freier Übersetzer und schreibt Kinderbücher.

Jan Birck wurde 1963 in München geboren. Er besuchte die Fachoberschule für Gestaltung. 1985 gründete er eine Werbeagentur, 1990/91 war er Artdirector der internationalen Zeichentrickfilmproduktion „Pico & Columbus". Seit 1992 arbeitet er als freier Illustrator für verschiedene Verlage. Besonderen Spaß machen ihm Kinderbuchillustrationen. Jan Birck ist verheiratet und hat einen kleinen Sohn.